FONDATION DU ROYAUME
DU VAKINANKARATRA

RÉCITS HISTORIQUES

RECUEILLIS PAR

S. STÉFANY

Prix : 0 fr. 95

1912
Tous droits réservés

Imp. du Progrès

A Monsieur E. A. B.

ET

A mon père RASTEFANO

En témoignage de ma reconnaissance.

Il a été tiré de cet ouvrage deux cents exemplaires

Rasamuel Hans

AVANT-PROPOS

En livrant au public le présent ouvrage je m'empresse de prévenir qu'il n'est ni une histoire complète, ni une étude approfondie de la province du Vakinankaratra.

Comme le dit Monsieur Jouannelaud dans son article intéressant publié le 30 Juin 1900 (Notes reconnaissances et explorations), il est très peu aisé d'obtenir des renseignements précis sur le Vakinankaratra ; cette difficulté propre à décourager les esprits les plus éclairés, se présente, du reste, partout à Madagascar sauf dans quelques pays, trop rares malheureusement, où les vieillards se font le devoir de transmettre à leurs fils les traditions les concernant.

De ces traditions, nous ne sommes pas riches et les quelques mémoires recueillis de tous côtés contiennent très souvent des points en contradiction entre eux. Ainsi tandis que celle dont se servait Monsieur Jouannelaudé pour établir sa note, fixe la date de l'arrivée des fondateurs du royaume du Vakinankaratra à la fin du XVIIᵉ siècle, une autre fait donner une date bien antérieure à celle-là.

Sans confirmer l'autenticité de ce que nous allons exposer, il nous est permis de dire que ce récit forme la conclusion la plus admissible après de longues recherches, et, en attendant un ouvrage plus complet, celui-ci pourra être utile à ceux qui s'intéressent à l'étude de notre île.

Enfin, originaire du pays, je m'efforce de le présenter aux étrangers et, à tous ceux qui voudront accueillir cet écrit, j'exprime mes vifs remerciements.

S. STÉFANY.

CHAPITRE PREMIER

FONDATION
DU ROYAUME DU VAKINANKARATRA

Etendue et premiers habitants

Vakinankaratra dont le nom signifie « territoire au-delà d'Ankaratra » par rapport à l'Imerina, était limité au nord, par Ankaratra, au sud, par la région d'Ambatofinandrahana qui en faisait partie, à l'est par la région de Fisakana, également comprise dans cette ancienne province, et à l'ouest, par l'Imolo, vaste prairie naturelle au sud ouest et assez loin de Betafo.

Bien entendu, il n'était pas aussi peuplé qu'il l'est aujourd'hui une grande partie n'était pas habitée du tout ; ses rares habitants, groupés dans la région du centre, Antsirabe, Betafo, étaient constitués d'hommes dissemblables à ceux d'à présent ; c'étaient des Vazimba au crâne allongé et petit, au corps relativement gros, court. Les Vazimba habitaient du reste, dans tout le centre de Madagascar.

Ils avaient à leurs dispositions des chiens si bien domptés par eux que ces animaux leur servaient d'excellents guerriers. Comme ces chiens étaient, en général, blancs ils avaient été nommés « Amboafotsy »

Ces Vazimba étaient très célèbres pour leurs amulettes et aujourd'hui encore, on vénère leurs prétendues tombes ; ainsi la soi-disante tombe de Rasoamiejeja sur la montagne d'Iavoko, près de Betafo, est l'objet d'une vénération excessive pour les pauvres paysans arriérés des alentours.

Il est heureux d'espérer que l'instruction primaire, d'un développement remarquable dans cette province, exterminera avant peu cette croyance ridicule.

Arrivée des fondateurs du royaume

Andrianonifomanjakatany, roitelet d'Alasora, près de Tananarive, vaincu et dépossédé par un de ses voisins, résolut de quitter le pays.

Accompagné de ses enfants dont deux seuls purent être connus, de ses deux sœurs, Ramanjaka et Ramanalina, et enfin de ses serviteurs, il se dirigea vers l'ouest et atteignit Ambatondrangy.

Découragée par la médiocre fertilité de ce pays, la caravane se tourna vers le sud et finit par rencontrer un beau cours d'eau très poissonneux.

Andrianonifomanjakatany et sa suite se demandèrent si c'était un fleuve en s'écriant « Ony ve ity » (est-ce un fleuve) et le cours d'eau fut dénommé « Onive ».

Bien que la vallée fût fertile et présentât de beaux terrains de culture, les émigrants se trouvèrent trop rapprochés du lieu de leur malheur, et ils continuèrent leur route excepté Andrianjafimasoandro qui établit son campement sur les bords de l'Onive.
Sa postérité peupla la région dont les habitants portent le nom Zafinavela (petits-fils abandonnés).

Andrianonifomanjakatany fit halte au sud de Mananjary près d'Antsirabe ; ayant considéré la région comme néfaste, il la quitta encore et prit la direction de l'ouest.

Après une longue et fatigante marche inutile, toujours accompagné de sa suite, il se reposa sur une montagne. Il aperçut des hommes armés de grandes arbalètes et qui paraissaient plier sous le poids de leur chasse.

Il les interrogea et apprit que c'étaient des hommes de Radobay, petit chef Vazimba dont le domaine s'étendait sur les rives du lac Anosy, à l'est et près de Betafo.

Invités à rendre visite à Radobay, Andrianonifomanjakatany et ses compagnons furent surpris de voir que le toit de sa case était entièrement couvert de plumes d'oiseaux.

Radobay accueillit fort bien ces étrangers, en particulier Andrianonifomanjakatany dont les malheurs lui gagnèrent la sympathie et le respect du chef d'Anosy.

Ce dernier finit par lui apprendre que l'arbalète dont on s'y servait était enchantée (1) et que jamais on ne manquait l'oiseau visé.

Il lui fit présent d'une arbalète semblable à la sienne et lui jura une fidélité éternelle.

Après un séjour assez prolongé, Andrianonifomanjakatany reprit sa route vers l'ouest. Tout le long de son chemin, il massacra quantité d'animaux et s'aventura même jusque dans la caverne d'Ialoalo, repaire d'Amboafotsy.

Il décida enfin de se fixer pour toujours près du ruisseau Tsimandiarano, à l'est de Soavina.

---

(1) Des bandes d'oiseaux couvraient les marais du pays ; un vieillard habitant de Masinandraina, mort il y a quelques années, nous raconta, non sans regret, que le chasseur le moins habile rapportait dix gibiers après deux heures de chasse, tellement les oiseaux abondaient. C'est à cela qu'il faut attribuer ces succès.

Rupture de l'amitié

Radobay mourut peu de temps après l'arrivée d'Andrianonifomanjakatany, et ses successeurs ne voulaient pas voir grandir l'autorité des arrivants.

De son côté, Andrianonifomanjakatany songea à y fonder un royaume et appela à son aide, cinq de ses serviteurs savoir :

     Andriampitoarivo,
     Andriamanjakamanana,
     Ravitrika,
     Raotaray,
     Tsiarondahy,

Les quatre de ces derniers étaient hova, c'est-à-dire ni nobles ni esclaves ; Tsiarondahy était esclave.

Des combats eurent lieu entre les arrivants et les Vazimba. Andrianony vainquit ceux-ci et devint maître du pays.

Vakinankaratra ainsi conquis, on institua une administration organisée comme suit :

Andrianonifomanjakatany régna. Andriampitoarivo eut pour attribution de publier et de promulguer les ordres du roi.

Raotaray, au moyen de charmes, dut empêcher les animaux aquatiques, caïmans, etc, de happer les hommes et les animaux domestiques. — Cette croyance aux pouvoirs illusoirs des amulettes était alors générale.

Ravitrika eut pour mission de tenir en suspension la grêle et pour l'empêcher de détruire les récoltes.

Andriamanjakamanana fut nommé prêtre. Lorsqu'il ne pleuvait pas il immolait une vache pleine en l'honneur de quelque dieu qui, en récompense du sacrifice, faisait tomber l'eau du ciel.

Le dernier, Tsiarondahy, fut infatigable guerrier.

**

La préférence d'Andrianonifomanjakatany.

Andrianonifomanjakatany détesta sa sœur cadette et pour faire comprendre à celle-ci qu'elle ne devait pas compter sur son frère, il tua une chèvre qu'il coupa en deux : il prit pour lui l'arrière de la bête et donna l'avant à sa sœur aînée Ramanjaka, et il négligea sa sœur cadette.

Il partagea ensuite le pays acquis en deux parts par une ligne nord-sud passant par le sommet d'une colline, Amboavoa : la région à l'est de cette ligne fut dévolue à Ramanjaka ; Andrianonifomanjakatany se réserva la partie ouest ; Ramanalina fut toujours oubliée.

Celle-ci quitta son frère, se dirigea vers le sud, s'arrêta près d'Antsimola au nord d'Ibity. Elle nomma cette région Zafingidiny.

Aidée de ses serviteurs et s'étant adonnée à l'élevage des chèvres, Ramanalina devint riche.

Andrianonifomanjakatany qui détestait toujours sa sœur, tenta de lui enlever les beaux troupeaux de chèvres dont on parlait tant.

La bonne Ramanalina se laissa prendre aux discours repentants de son frère et lui rendit sa confiance.

Son frère lui avait enlevé alors les troupeaux, et s'étant trouvée trop faible pour entreprendre une lutte avec un adversaire aussi redoutable, Ramanalina décida de quitter encore une fois le pays, s'arrêta près de Fianarantsoa et y régna paisiblement sur sa petite communauté. Ramanalina est la grande aïeule des nobles du Manandriana.

Andrianonifomanjakatany et Ramanjaka étendirent sans obstacles, peu à peu, leur domination sur la plus grande partie du Vakinankaratra,

CHAPITRE II

ARRIVÉE DES TROIS NOUVEAUX PERSONNAGES

Lorsque le royaume d'Andrianonifomanjakatany fut organisé ainsi, trois hommes vinrent s'établir à Vakinankaratra ; ce furent :

Andriamitanarivo, aïeul d'Andriamboromanga. — Les Andriamboromanga occupent actuellement la région de Mahitsiandriana à 8 kilomètres au sud-est de Betafo, et celle d'Ambohimanana.

Andriamparazato ancêtre des Zanampara, tribu qui habite la vallée encaissée par les montagnes Ialoalo et Tritriva dans laquelle est le lac renommé de la province, d'une part, et par Ikirojy, montagne assez haute en face et à l'ouest de Tritriva de l'autre.

Andriamasintena, aïeul des Zanamasy, et originaire d'Ambatomanga, à l'est de Tananarive. Les Zanamasy se trouvent principalement autour de la montagne d'Iavoko (montagne tout près de Betafo) et aussi aux alentours du lac Tritriva.

Certains d'entre ces nouveaux venus étaient nobles, mais ils reconnurent tous, la suprématie d'Andrianony et, au lieu de lui disputer le royaume, ils se faisaient ses vassaux.

CHAPITRE III

LES VAKINANKARATRA TRIBUTAIRES
des rois Sakalava du Menabe

Les descendants de Ramanjaka

Les descendants de Ramanjaka se confinèrent dans la région de Betafo et d'Antsirabe, qui leur fut dévolue d'après le partage dont nous avons parlé dans le chapitre I.

Eux aussi, ils furent soumis à l'autorité des fils d'Andrianonifomanjakatany et ces derniers conservèrent le titre de rois du Vakinankaratra en qualité de fils du frère, politique bien conforme la coutume Malgache.

Quoique très privilégiés, ils ne gouvernèrent pas le pays et n'eurent qu'une importance relative.

Parmi eux nous connaissons Andriantasy (le pasteur de Betafo) et ses parents, Raharivony et ses parents.

Résidence d'Andrianonifomanjakatany
SES FILS

Andrianonifomanjakatany s'étant établi à l'ouest d'Amboavoa, désigna son domaine par le nom de Menabe qui s'applique encore à l'ensemble formé par les cantons de Soavina, de Sambaina, d'Amborondreo et une partie de Fomanjana.

Il y eut ses deux fils, Andriantsoahanarivo et Andrianoniratrafo.

Andriantsoahanarivo, d'esprit aventureux, quitta son père et s'établit dans le pays Sakalava dont il se fit nommer roi.

Andrianoniratrafo demeura à côté de son père qui le préféra alors à l'aîné et qui, depuis lors, l'appela sous ce nom. Il le nomma Andrianony pour lui passer le nom de la famille ; il ajouta Ratrafo (la bosse) parce que le roi portait toujours son enfant au dos, tellement il l'aimait, en sorte que le petit semblait la bosse de son père.

Les Vakinankaratra tributaires des Sakalava

A la mort d'Andrianonifomanjakatany, son fils ainé hérita de droit, de tous ses biens, mais, ne voulant pas quitter le pays Sakalava, il consentit à laisser son frère régner sur le Vakinankaratra à condition qu'il lui paierait un tribut annuel de cent bœufs, cent moutons, cent canards, cent volailles et cent piastres. Andrianoniratrafo ayant accepté, les Vakinankaratra devint à partir de cette époque tributaires des rois Sakalava.

Jusque vers la fin du XVIII° siècle, les successeurs d'Andriantsoahanarivo vécurent en bonne intelligence avec leurs vassaux de l'est.

CHAPITRE IV.

REPRISE DU POUVOIR
absolu par les descendants d'Andrianoniratrafo
Andrianonitomponandriana

Andrianoniratrafo eut pour fils héritier Andrianonitomponandriana (Andrianony le maître des nobles). On lui donna ce nom afin de rappeler aux trois personnages énumérés plus haut, leur soumission à Andrianonifomanjakatany. Ainsi il voulait faire connaître de nouveau aux descendants des trois vassaux de son père que, quoique nobles qu'ils fussent, ils restaient les vassaux du prince Andrianonitomponandriana, et de ses descendants.

Andrianonitomponandriana tint, en effet, à être respecté et il se montra bien sévère, non seulement envers Andriamitanarivo et ses camarades, mais aussi envers les descendants de Ramanjaka Ceux-ci le laissèrent faire et Andrianonitomponandriana ne tarda pas à refaire l'unité du Vakinankaratra.

Les fils d'Andrianonitomponandriana
Nouveau partage du Vakinankaratra

Andrianonitomponandriana eut quatre fils ; ce furent :
1° Andriamanalintomponandriana.
2° Andrimpotany.
3° Rafoninitany.
4° Rafoniniloharano.

A sa vieillesse Andrianonitomponandriana partagea de nouveau son royaume entre ses quatre fils de la manière suivante :

Au premier, il donna la région comprise entre Amboavoa et Imolo.

Au second appartint le pays compris entre Amboavoa et Sahalombo, rivière qui passe à cinq kilomètres à l'ouest d'Antsirabe.

Le troisième eut pour sa part la zone comprise entre Sahalombo et Leonihitsiny (colline au nord de la Manandona et à 17 km au sud-est d'Antsirabe) d'une part, et Fisakana (limite orientale de l'ancien Vakinankaratra) de l'autre.

De Leonihitsiny jusqu'à Ambatofinandrahana, c'est à dire la région appelée communément Manandriana et qui reçut les descendants de Ramanalina, fut dévolu au quatrième.

Suzeraineté du premier fils

Vakinankaratra ainsi repartagé, Andrianonitomponandriana parla à ses enfants et leur dit :

« Le voilà le royaume partagé entre vous ; sachez cependant qu'Andriamanalintomponandriana en sa qualité d'aîné est toujours votre suzerain, à vous trois »

Le partage ainsi fait, chacun des quatre fils choisit la résidence qu'il préféra. L'aîné s'établit à Fandananarivo, près de Soavina. Il y eut un fils, Andriamanalinibetsileo qui régna après la mort de son père et qui put soumettre sous son autorité, tous les autres roitelets, grâce à son génie et à sa sagesse.

Andriamanalinibetsileo eut trois fils :
    1° Andriandratsaizanajanahary.
    2° Andriambongonandriana.
    3° Andriambelosalama.

Par leur ambition, ces trois princes n'observèrent pas un traité conclu entre Andriamanalinibetsileo et Andrianampoinimerina, et hâtèrent la prise du Vakinankaratra par le roi d'Ambohimanga.

Andriampotany, ses descendants

Andriampotany, le maître de la 2me part, choisit Ambohitrandraina (village à 6 km. à peu près, au nord-ouest du lac Tritriva), pour résidence. Il y eut un fils, Andrianonitomponiloharano qui fut père des cinq frères :
    1° Andriandratsaitomponiloharano qui continua à habiter le village préféré de son père.
    2° Andriamanalinarivo) constructeur d'Ivohimalaza, hameau bâti sur la montagne qui porte aussi ce nom.
    3° Ralaliniloharano qui occupa Ambohitralahamady.
    4° Andrianonizanajanahary, fondateur de Betafo.
    5° Andriatsimitoviaminandriana propriétaire d'Inala, village appelé actuellement Masoandro et situé dans le faritany de Mandritsara

De ces frères jusqu'à nos jours

(A). Andriandratsaitomponiloharano eut trois fils.
1º Andriantomponandriana,
2º Andriambelomihafy,
3º Andriamarobasy.

(B) Andriamanalinarivo fut père d'Andrianonimàsindraibe ; celui-ci eut Ramanalina qui eut Rasoamananarivo pour enfant ; Rasoamananarivo eut *Ranjoanina* qui est actuellement un des plus importants notables, et assesseur près le tribunal du premier degré du district de Betafo.

(C). De Ralahiniloharano vint Andriamarohasina, père d'Andriamandraba ; de ce dernier vint Rasoahanjaka mort il y a quelques années.

(D). Andrianonizanajanahary fut père d'Andrianonitomponitany ; celui-ci fut père d'Andriatsifeondrafy père de *Ravoajanahary*, encore vivant et ancien mpiadidy de Betafo.

(E). Andriatsimitoviaminandriana fut père d'Andriatsimilao ; celui-ci eut Andriantompo, père de Rasoavinandro, de Ramanambahoaka (ancien propriétaire des terrains au nord du marché de Betafo et de *Ramiraho* encore vivant et demeurant à Vinaninony, district d'Antsirabe.

∴

Les maîtres des 3ᵉ et 4ᵉ parts

Le roitelet de la troisième part, Rafoninitany s'établit à Ambohitrandriananahary appelée aussi Ivohitra (la montagne à l'ouest et tout près d'Antsirabe) Il eut un fils qui s'appela Rabevoho.

Au lieu d'observer la recommandation de son père il méprisa son frère ainé.

Son cadet, le roitelet de Manandriana imita son exemple et vit à l'écart.

Ces deux frères n'ont laissé dans le pays que des souvenirs bien vagues et insaisissables ; du reste les deux premiers finirent par étendre leurs pouvoirs sur tout le Vakinankaratra et ne laissèrent aucune autorité à leurs cadets.

CHAPITRE V

COMMENT LES SAKALAVA DU MENABE
devinrent les ennemis acharnés des Vakinankaratra

Andriamanalinibetsileo

Pour bien saisir ce qui suit rappelons-nous qu'après le second partage du Vakinankaratra, Andriamanalintomponandriana, en sa qualité d'aîné, resta le suzerain de ses trois frères. Il sut se faire respecter. A sa mort, Andriamanalinibetsileo son fils héritier, prit le pouvoir, vers 1780.
Le peuple n'eut qu'à se féliciter de son nouveau maître.

Sa politique

Aussi bon soldat qu'habile administrateur, le nom d'Andriamanalinibetsileo s'étendit bien au-delà des limites de son royaume. D'une bienveillance infinie et d'une justice absolue, il s'habillait souvent en simple homme du peuple et seul, sous ce déguisement qui lui permettait de ne pas être reconnu, il visitait ses villages, s'enquérait des besoins de son peuple, relevait les injustices et les exactions de ses fonctionnaires qu'il punissait impitoyablement. Grâce à cette administration sage et éclairée, l'abondance et la richesse régnèrent dans le Vakinankaratra.

La Guerre

Malgré sa puissance et la solide administration qu'il avait donnée à son royaume, Andriamanalinibetsileo n'en resta pas moins tributaire de son oncle Rafolahy, qui régnait alors en pays sakalava, et dont il respectait la vieillesse. Mais, à la mort de Rafolahy, son fils Andriamasoandro lui ayant succédé, Andriamanalinibetsileo, n'ayant aucun respect pour son jeune rival et confiant dans sa force, refusa de payer le tribut.
« Nous sommes frères, dit-il à Andriamasoandro, et il est contraire à la nature qu'un homme soit tributaire de son frère ».

Le roi Sakalava réunit son peuple et lui demanda s'il devait endurer l'offense d'Andriamanalinibetsileo, ou s'il devait châtier sa témérité. Son peuple lui conseilla d'oublier l'injure. Andriamasoandro se rendit d'abord à cet avis ; mais, excité par sa femme, Raholofa, et son conseiller Hamelo, qui lui reprochaient sa lâcheté, il résolut de faire la guerre à Andriamanalinibetsileo.

Il réunit donc ses guerriers, et marcha d'abord sur Inanatonana. Arrivés près de Soararivato, il ordonna à tous ses hommes de prendre chacun un caillou, dont il fit ensuite faire un tas immense qui devait perpétuer à tout jamais le souvenir de cette lutte. — Ces tas appelés « fanataovana » ne sont pas rares dans le pays car les chefs militaires suivants ont imité cet exemple pour contrôler les pertes subies.

Quelques jours plus tard, il arrivait à Fenoarivo, près d'Inanatonana, où il établit son camp.

Andriamanalinibetsileo qui ne demandait pas la guerre, ayant appris cette marche, lui envoya des émissaires chargés de lui remettre des présents d'honneur.

Il espérait que cette déférence fléchirait la colère d'Andriamasoandro ; mais ce dernier, toujours excité par sa femme, refusa les présents avec hauteur. Cet échec ne découragea pas Andriamanalinibetsileo qui, aux présents, joignit des vivres de toute sorte.

« Quand un chien, lui fit-il dire, arrive dans un village, on lui donne à manger. Comment ne pourrais-je pas faire des présents au grand roi Andriamasoandro, qui vient me visiter ? »

« Je ne viens pas en ami, répondit Andriamasoandro, je viens châtier mon vassal téméraire ; » et il refusa tous les présents.

Andriamanalinibetsileo comprit que la guerre était inévitable et il s'y prépara avec ardeur. Il fit surveiller très étroitement les mouvements d'Andriamasoandro qui, s'en étant aperçu, crut à une attaque prochaine, et reporta pendant la nuit son camp plus au sud. « Vous vous fatiguez inutilement, lui fit dire Andriamanalinibetsileo ; je ne suis pas comme les chiens qui rôdent la nuit et inquiètent les voyageurs attardés. Demain, je vous invite à m'attaquer, je suis prêt à vous recevoir.

Le lendemain, Andriamasoandro attaqua le roi du Vakinankaratra, qui s'était retranché dans une forte position. La bataille dura toute la journée et fut sanglante. Finalement Andriamanalinibetsileo resta maître du champ de bataille. Les troupes du roi Sakalava démoralisées, s'enfuirent dans toutes les directions, et Raholofa fut faite prisonnière. Dans cette circonstance, Andriamanalinibetsileo se montra généreux et il traita avec les plus grands égards celle qu'il considérait comme sa plus mortelle ennemie. Raholofa fut loin de rendre justice à cette magnanimité ; car elle ne cessa de faire entendre des plaintes et d'accuser son vainqueur d'avoir provoqué cette guerre pour satisfaire ses ambitieux projets.

Le peuple vint en foule acclamer Andriamanalinibetsileo et ses soldats. Pendant plusieurs jours, le Vakinankaratra fut en liesse et retentit de chants de victoire à la louange du roi.

Pendant ce temps, Andriamasoandro désespéré, rejoignit son pays. En passant près de Soararivato, il contempla avec désespoir le monument de pierres qu'il avait fait élever et qui, au lieu de lui rappeler la marche victorieuse, allait devenir le témoin de sa retraite lamentable. Il ordonna de le détruire et pour cela, il fit reprendre un caillou à chacun de ses guerriers ; mais, quand tout le monde eut passé devant l'immense tas et en eut retiré un caillou, il en restait encore un si grand nombre que, à cette vue, Andriamasoandro se prit à pleurer et regretta amèrement d'avoir suivi les conseils pernicieux de sa femme. Rentré dans ses états, le roi sakalava ne put se consoler de la perte de sa riche province et son chagrin fut si fort qu'il hâta rapidement sa fin.

CHAPITRE VI

ANNEXION DU VAKINANKARATRA
à l'Imerina par Andrianampoinimerina

Tentatives d'annexion

Andriamanalinibetsileo, ayant assuré l'indépendance de son royaume, put se vouer complètement au bonheur de son peuple qui, pendant onze ans, vécut dans la paix la plus profonde et développa ses richesses déjà prospères.

Vers 1798, Andrianampoinimerina, déjà puissant, songea à étendre sa domination sur le riche Vakinankaratra. Employant un procédé qui lui avait déjà fort bien réussi, et comptant sur le prestige de son nom il envoya des ambassadeurs à Andriamanalinibetsileo pour l'inviter à faire sa soumission, lui promettant de lui conserver toutes ses prérogatives, s'il acceptait sa proposition.

L'éloquence, l'habileté, les flatteries puis les menaces des envoyés du grand roi n'eurent aucun succès près d'Andriamanalinibetsileo qui répondit fièrement :

« Si le roi plus faible doit faire sa soumission au roi plus puissant, Andrianampoinimerina doit se soumettre à Andriamanalinibetsileo.»

Pendant ces négociations, Andriambongo, héritier du trône d'Andriamanalinibetsileo, qui jalousait ce dernier, et qui avait hâte de gouverner, alla faire sa soumission *incognito* à Andrianampoinimerina. Celui-ci, s'étant bien rendu compte de la puissance de son rival, crut bon d'attendre une occasion plus favorable.

Andrianampoinimerina ne parut pas convaincu de la supériorité du royaume d'Andriamanalinibetsileo sur le sien. Ce dernier lui envoya une canne en disant : « Portez cette canne à Andrianampoinimerina et si sa toise peut la mesurer, je lui ferai ma soumission »

Andrianampoinimerina ayant reçu l'objet dont la longueur et la grosseur étaient stupéfiantes, ne tenta pas de le mesurer avec sa toise qui était certainement trop courte ; mais profitant des dispositions plus conciliatrices d'Andriamanalinibetsileo, il décida de continuer les négociations, et lui fit répondre :

« L'amitié ne se mesure pas à la toise, et la longueur de celle-ci ne peut constituer un titre au droit de père que j'ambitionne ».

Le roi du Vakinankaratra, satisfait du résultat qu'il venait d'obtenir, lui fit porter un lamba en soie Betsileo.

« Qu'on fasse tuer un taureau sur ce lamba, fit-il dire à son rival et si une seule goutte de sang le traverse, je ferai ma soumission ».

Le taureau fut tué sur le lamba, mais ce dernier était si épais, et tissé si finement que le sang fut coagulé et pas une goutte ne le traversa.

Ces échecs ne découragèrent pas encore Andrianampoinimerina qui, connaissant la profonde affection que le roi du Vakinankaratra portait à son fils Andriambongonandriana, résolut de lui apprendre sa trahison et de lui montrer ainsi que, quoi qu'il fît, le Vakinankaratra était destiné à devenir une province de son royaume.

Sur son invitation, ils conclurent un pacte d'amitié par lequel ils jurèrent de ne jamais se disputer les royaumes. Ainsi Andrianampoinimerina dit à son confrère : « Si mes sujets viendraient s'établir chez vous, renvoyez-les ; ce sont des sujets infidèles. Il en sera de même pour ceux des vôtres qui viendraient habiter mon royaume. Au cas où je n'aurais pas tenu compte du présent pacte, continua Andrianampoinimerina, et que je n'aurais pas chassé vos sujets infidèles, placez-vous sur Idango (montagne à l'ouest et assez loin d'Ankaratra), le royaume du nord vous appartiendra alors. »

Andriamanalinibetsileo offrit le même gage ; après quoi ils tirèrent un coup de fusil en s'écriant simultanément : « Que le violateur meure d'un coup de fusil. »

Ruse d'Andrianampoinimerina
L'ambition des fils d'Andriamanalinibetsileo
Violation du pacte

Quelques temps après, suivant l'ordre secret d'Andrianampoinimerina, mille Imanisotra (tribu de Tananarive) accompagnés de leur famille et de leurs esclaves, quittèrent le royaume de l'Imerina et vinrent s'établir à Vakinankaratra. Ils allèrent directement chez Andriambelosalama, le dernier des fils d'Andriamanalinibetsileo.

Andriambelosalama signala cette venue à ses deux frères aînés, Andriandratsaizanajanahary et Andriambongonandriana, et tous trois se rendirent chez leur père et lui firent part de l'arrivée des Manisotra :

« Sire ! les voilà arrivés les mille Manisotra avec leurs femmes et leurs enfants, etc. Ils viennent d'Ambohijoky, d'Ambatomalaza. Nous voilà donc à présent, pourvus de guerriers et surtout de lanciers, et nous nous empressons de vous en rendre compte. »

— « Chassez ces hommes ; ce sont des sujets infidèles ; c'est justement l'objet de notre convention, et si vous gardez ces gens, le royaume ne vous appartiendra pas. »

Les trois frères forcèrent le roi d'accepter les Manisotra. Ils prirent alors un lingot d'argent, long d'une brasse, le plantèrent dans un bambou, le présentèrent à leur père qui était à Fandananarivo, et dirent :

« Dieu rayonne et le créateur gronde (en parlant de leur père, furieux d'être désobéi) ; nous, ses serviteurs, demandons sa grâce » et ils agitèrent le présent.

— « Ce n'est pas pour moi que je tremble, mes enfants, car je mourrai bientôt, et j'ai mené à bonne fin ma tâche ; il est donc inutile que vous me demandiez grâce.

— Comme le roi refuse, nous ferons partir les 30 hommes mais nous garderons les 970.

Ils renvoyèrent donc les 30 hommes dirigés par le vieux Rombina pour excuser leur père. Ensuite ils dirent à ce dernier :

« Les trente Manisotra avec le vieux Rombina ainsi que leurs familles sont partis ; laissons le reste nous servir. »

— Si vous retenez de ces hommes, ne fût-ce qu'un seul enfant, leur dit Andriamanalinibetsileo, le royaume vous sera enlevé car vous violez notre convention. »

Retour de ces trente hommes en Imerina

Les trente hommes des Manisotra trouvèrent directement Andrianampoinimerina à Ambohimanga et lui parlèrent de leur mission. Andrianampoinimerina les remercia et leur offrit des dons bien riches ; ensuite il les congédia et leur dit que Vakinankaratra n'était plus qu'une de ses provinces, et que ces 970 de ses propres sujets restés dans ce pays devaient entraîner tous les Betsileo et non les Vakinankaratra seuls.

Les guerres intestines. La trahison

A sa vieillesse, Andriamanalinibetsileo repartagea son royaume entre ses fils et ses neveux. Les cinq roitelets, ceux de Betafo, d'Inala, d'Ambohitralahamady, de Masinandraina et de Vohimalaza s'armèrent contre celui d'Ambohitrandraina. Quoique ainsi coalisés ils ne purent vaincre celui d'Ambohitrandraina. Ils s'entendirent alors à solliciter le subside d'Andrianampoinimerina et envoyèrent cinquante ambassadeurs à Ambohimanga.

Ces envoyés firent au roi d'Ambohimanga leur soumission et accusèrent leurs frères d'Ambohitrandraina comme ennemis acharnés d'Andrianampoinimerina.

Ce dernier les reçut avec plaisir, leur fit un riche don et les invita à lui promettre de revenir une année plus tard et de devenir cent au lieu d'être cinquante.

L'année suivante, Iarivo c'est-à-dire le petit royaume de Betafo et ses alliés, envoya de nouveau cent émissaires en Imerina.

Ceux-ci rappelèrent à Andrianampoinimerina qu'ils n'étaient pas des envoyés du Vakinankaratra entier mais d'Iarivo seulement et que le roitelet d'Ambohitrandraina se moquait toujours de la puissance d'Andrianampoinimerina.

Alors ce dernier leur dit : « Votre sincérité me touche profondément et je constate avec plaisir que vous n'avez nullement songé à me tromper. J'exigeais que vous fussiez cent et vous voilà, en effet, cent ; je fixais à une année le moment de votre retour et vous n'en avez rien négligé. Mais tant qu'Andriamanalinibetsileo vit, vous y resterez tranquillement, tout en étant à moi ; dès qu'il sera mort mes gens viendront vous marquer de sang. »

Cela dit, Andrianampoinimerina prit un lambamena, pratiqua un trou juste au milieu du lamba, le plia avec soin et l'envoya à Andriamanalinibetsileo. Il résolut alors d'apprendre à ce dernier la trahison et de lui montrer que, quoi qu'il fît, le Vakinankaratra était destiné à devenir une province de son royaume.

A la vue de cet objet, le roi du Vakinankaratra s'écria :

« Iandratsay et Loharano, les deux points extrêmes, sont encore intacts, mais Iarivo le milieu est perdu, le lambamena troué au milieu en est la preuve »

Mort d'Andriamanalinibetsileo

Conquête du Vakinankaratra

Peu de temps après, Andriamanalinibetsileo mourut et Andrianamponimerina fit descendre cent bœufs qui furent abattus et dont le sang servit à marquer les habitants d'Iarivo déjà soumis.

On égorgea les bœufs à Ankadilanana (place entre le temple et l'école norvégiens actuels à Betafo) et tous les habitants d'Iarivo, sauf ceux d'Ambohitrandraina, furent marqués de sang ; ainsi une partie du Vakinankaratra fut prise sans aucune difficulté.

Pour les autres parties non soumises, Andrianampoinimerina envoya Andriantsoanandriana pour les conquérir. On commença par attaquer Ambohitrandraina un mercredi, mais le village ne fut pris que le dimanche.

Ambohitrandraina ainsi vaincu, Loharano et Iandratsay se livrèrent sans batailles.

Andrianampoinimerina fit traiter avec les plus grands égards les vaillants défenseurs d'Ambohitrandraina et il dit à ses soldats :

« Oh ! Ambaniandro, je suis étonné de constater la défense de nos adversaires et je ne puis que les admirer ; ainsi je vous défends de faire aucun mal à ceux qui sont restés jusqu'à la fin du combat. Quant à ceux qui se sont sauvés pendant les premiers jours d'attaques, du mercredi jusqu'au samedi, vous confisquerez leurs biens et vous les reduirez en esclavage. »

Annexion définitive du Vakinankaratra
à l'Imerina

La conquête fut faite et Vakinankaratra constitua la sixième partie de l'Imerina qui se décomposa comme suit :

1° Avaradrano
2° Sisaony
3° Marovatana
4° Ambodirano
5° Vonizongo
6° Vakinankaratra;

CHAPITRE VII

D'Andrianampoinimerina jusqu'en 1895

Andrianampoinimerina organisa rapidement le pays conquis et, pour assurer sa domination, installa deux postes importants, l'un à Iavohasina l'autre, à Ambohimanjaka. Bien lui en prit car un peu de temps après, un des fils d'Andriamanalinibetsileo, qui avait refusé de se soumettre, soulevait le pays et il fallut faire une nouvelle conquête d'une partie du pays. La lutte fut courte ; les troupes ennemies combattirent sans enthousiasme et furent vaincues dans toutes les rencontres. Andrianampoinimerina pour hâter la pacification et s'attirer la confiance de ses nouveaux sujets, épousa Raketamena fille d'Andrianonimasindraibe, puis il confia le Gouvernement de sa province au roitelet de Betafo, Andrianonizanajanahary qui, pendant les deux insurrections qu'il avait dû réprimer, lui avait rendu de grands services, en maintenant l'ordre dans toute la région de Betafo et Antsirabe.

Rien ne fut changé dans le Vakinankaratra qui garda ses coutumes et son mode de Gouvernement ; mais à partir de ce moment, le pouvoir qui, jusqu'ici, avait appartenu aux descendants directs d'Andriamanalintomponandriana, passa dans la main des enfants d'Andriampotany.

Séparation du pouvoir militaire et pouvoir civil

A la mort d'Andrianonizanajanahary, son neveu Andrianonimasindraibe lui succéda. Il gouverna pendant peu de temps et fut remplacé par le fils d'Andrianonizanajanahary.

C'est vers cette époque que le pays était complètement pacifié et les principaux chefs inféodés à la cause d'Andrianampoinimerina, celui-ci, pour asseoir définitivement sa domination et pour donner au Vakinankaratra une organisation plus en rapport avec ses besoins, sépara le pouvoir militaire et le pouvoir civil, qui eurent des chefs distincts.

Abus du pouvoir militaire. Résistance du peuple

Tout marcha bien sous le règne d'Andrianampoinimerina et de son fils, de Ranavalona I et de Radama II ; mais lorsque Rasoherina eut succédé à ce dernier, le bruit courut dans le Vakinankaratra que Radama II n'était pas mort.

Une insurrection éclata, et le peuple se rua à l'attaque des chefs militaires et de leurs troupes, que leur dureté et les nombreuses exactions qu'ils commettaient, firent détester.

Rainimpiana tenta de résister mais il fut vaincu à Andranomanjaka. Après cette défaite, la plupart de ses troupes firent défection, et il fut de nouveau, mis en déroute à Alakamisy d'Amborondreo et sur Velombanina. Il dut s'enfuir pour ne pas tomber aux mains de ses ennemis.

Vengeance du chef militaire

Arrivé à Tananarive, Rainimpianina rendit compte de ses malheurs à Rasoherina qui leva immédiatement une armée dont elle confiait le commandement à Rainivodiahitra. Celui-ci réduisait rapidement la rebellion. Les principaux chefs des bourgeois qui avaient fomenté la révolte, furent pendus, et un grand nombre d'habitants passés par les armes. Rainimpiana fut nommé Gouverneur, et une garde nombreuse lui permit d'assouvir sa vengeance et de faire respecter son autorité. A sa mort, en 1867, il fut remplacé par Rainitongavola qui n'exerça le pouvoir que pendant trois ans. En 1870, Rainimanda lui succéda.

Seconde vengeance du pouvoir civil

Les chefs civils qui, à la suite de l'insurrection de 1867, avaient dû laisser le pas à l'autorité militaire, regagnaient rapidement le terrain perdu, et, en 1870, Ratsimiraho était devenu le seul maître du Vakinankaratra sur lequel il faisait peser une telle oppression que son nom était redouté à l'égal de celui de Rainilaiarivony.

Ce ne fut qu'en 1882 que le Vakinankaratra, las de ce tyran, envoya à Tananarive une députation pour demander son remplacement. Une enquête fut ouverte, et les accusations portées contre Ratsimiraho ayant été reconnues exactes, il fut destitué.

De Ratsimiraho jusqu'en 1895

Rabetokotany et Rasolomon le remplacèrent. Ils s'accusèrent réciproquement des plus grands méfaits. Appelés à Tananarive pour s'expliquer sur leur inimitié, la reine les mit d'accord, en les révoquant.

Raininandro et Ratsimba leur succédèrent en 1887. Le premier ayant été destitué, en 1889, Ratsimba et Razaka prirent le pouvoir.

En même temps, Rainijaonary et Radafy, beaux frères de Ratsimba, étaient nommés chefs militaires.

Rainijaonary, brave, énergique, repoussa victorieusement deux invasions Sakalava, en 1889 et en 1892. Il devint très populaire dans le Vakinankaratra et son influence fut considérable.

— 23 —

Ainsi, tandisque Ratsimba et Razaka étaient remplacés, en 1892, par Raobelina et Radaoro, Rainijaonary gardait son commandement et après avoir défendu vaillamment sa patrie, il donna le meilleur exemple de soumission sincère, après la prise de Tananarive par le corps expéditionnaire ; le Gouvernement français le nomma, en 1895, Gouverneur principal du Vakinankaratra.

Conclusion

Un jour, jour solennel, tandisque les habitants de Betafo se livraient aux divers travaux de champs, dont ils sont riches, une masse indécise mais bien mobile apparut entre les deux montagnes d'Iavoko. Le son de la trompette militaire retentit et fit vibrer l'air de la vallée d'Iarivo.

En moins d'une heure, le drapeau tricolore atteignit le faîte du bâtiment public de Betafo et le Chef de Bataillon prit possession de la résidence de Raobelina et de Radaoro, au nom de la France.

Bientôt, les Vakinankaratra commencèrent à goutter la douceur de posséder une Mère, oui une véritable mère qui ne ménage rien, pas même le sang de ses premiers enfants, pour sauver les plus jeunes.

Ils virent de leurs yeux éblouis par cette lumière inattendue, les soins sans bornes donnés par cette Mère-Patrie puissante, riche, juste et sage, où on vit à son aise car ses lois ne sont que la volonté du peuple et ne peuvent qu'être parfaites.

N'en sommes-nous pas fiers ?

www.ingramcontent.com/pod-product-compliance
Lightning Source LLC
Chambersburg PA
CBHW060612050426
42451CB00012B/2215